FACULTÉ DE DROIT DE TOULOUSE

THÈSE

POUR

LA LICENCE

En exécution de l'art. 4, Tit. II, de la loi
du 22 ventôse an XII

SOUTENUE

Par M. Etienne BOYER

Né à Villeneuve-les-Béziers (Hérault).

TOULOUSE
IMPRIMERIE PRADEL & BLANC
Rue des Gestes, N° 6.

1870

F

THÈSE

POUR

LA LICENCE

*En execution de l'art. 4, Tit. II, de la loi
du 22 ventôse an XII*

SOUTENUE

Par M. Etienne BOYER

Né à Villeneuve-les-Béziers (Hérault),

TOULOUSE
IMPRIMERIE PRADEL & BLANC
Rue des Gestes, N° 6.

1870

A MON PÈRE

———

A MA MÈRE

———

A MON FRÈRE

———

A MA SŒUR

———

A MA GRAND'MÈRE

———

A TOUS LES MIENS

———

A MES AMIS

JUS ROMANUM

Pro Socio

(DIG., Lɪʙ. XVII, Tɪт. II. — INST. JUST., Lɪʙ. III, Tɪт. XXV.)

Societas est consensualis contractus de rebus vel operis bonâ fide communicandis, liciti honestique lucri in commune faciendi causâ. Hic contractus ultrò citroque obligationes parit, quæ ex æquo et bono æstimari debent. Omnes contrahentes socii nominantur, atque unicam actionem singulis communem habent quæ pro socio appellata est.

Ad substantiam societatis requiritur :

1° Ut bonâ fide coita sit : nam, ut ait Paulus, societas si dolo malo aut fraudandi causâ coita sit, ipso jure nullius momenti est (l. 3, § 3, *pro socio*);

2° Ut singuli contrahentes aliquid afferant in commune, sive pecuniam, sive operam, aut saltem se aliquid collaturos promittant;

3° Ut singuli contrahant animo lucri faciendi; nam rebus vel operis allatis, si sociorum alter lucrum tantum, alter damnum sentiret, *leonina* societas haberetur;

4° Ut lucrum, quod socii spectant, licitum sit ac honestum quia « societas aut mandatum flagitiosæ rei nullas vires habet » (l. 35, § 52, *de Contrah. emp.*);

5° Ut socius aleam tractet, id est quod in commune attulerit amittere se exponat.

His legibus observatis, socii partes lucri vel damni cum liberâ potestate determinare possunt.

Diximus consensualem societatis contractum : nihil enim præter contrahentium consensum exigi solet. Haud ergò dubium est societatem et re, scilicet quum socii voluntatem coeundi monstrant per solam rerum communicationem; et verbis, quum expressa sit voluntas, atque etiam per nuntium.

Societas coiri potest vel in perpetuum, idest dum vivunt socii, vel ad tempus, vel ex tempore, vel sub conditione ; nulla verò societatis in æternum coitio est : quod intelligendum est de pacto ultra vitam porrecto.

In hàc societatum materia vicissim loquemur :

1° De variis societatum speciebus ;

2° De legibus quæ societati adjici solent;

3° De jure sociorum circà societatem ;

4° Quibus modis solvitur societas ;

5° De actione pro socio ;

6° Cum quibus actionibus concurrit actio pro socio.

CAPUT PRIMUM.

De variis societatum speciebus.

Gaïi exemplo, in Justiniani institutionibus tantummodo de duabus societatum speciebus dicitur : « Societatem coire solemus, ait Justinianus, aut totorum bonorum quam Græci specialiter χοινοπραξιαν appellant, aut unius alicujus negotiationis, veluti mancipiorum emendorum vendenderumque, aut olei, vini, frumenti, emendi vendendique. » (Gaius, III, § 148 ; — Inst. Just., princ. de societ., l. 3, t. 25.)

Si Ulpianus varias perfectiùs societates enumerat : « Societates contrahuntur, sive universorum bonorum, sive negotiationis alicujus, sive vectigalis, sive etiam rei unius. » (L. 5, pr., D., *pro socio*). Et ipse Ulpianus docet quintam addi societatem, forte aliis præcellentiorem : « Coiri societatem et simpliciter licet; et si non fuerit distinctum, videtur coita esse universorum quæ ex quæstu veniunt, hoc est si quod lucrum ex emptione-venditione, locatione conductione descendit. » (L. 7, D., *pro socio*.)

§ 1. *De societate universorum bonorum.*

In hâc societate omnes res quæ coeuntium sunt, continuò communicantur, et licet specialiter traditio non interveniat, tacita tamen creditur intervenire. Ea verò quæ in nominibus consistunt, non communia fiunt, sed actiones invicem præstari debent, ut illis cæteris socii frui possint.

Hoc iis quæ, quum contrahitur societas, à contrahentibus possidentur, convenit. *Quid* de rebusquæ sociis post contractam societatem adveniunt? Non ipso jure societati acquiruntur, sed ea socius conferre tenetur. » Quum specialiter omnium bonorum societas coita est, tunc et hereditas, et legatum, et quod donatum est, aut quaqua ratione acquisitum, communioni acquiritur. »

Quin etiam si unus ex sociis maritus ad uxore suà, ad sustinenda matrimonii onera, dotem receperit, dotem, eo nomine, societati conferet; sed, si manente matrimonio, societas soluta fuerit, dotem a societate recipiet maritus,

quia ubi et onus, ibi emolumentum esse debet; quod si dis-
soluto matrimonio distrahatur societas, eâdem die recipienda
est dos, quâ et solvi debet.

Societas universorum bonorum coiri potest inter eos qui
non sunt æquis facultatibus, quum plærumque pauperior
opera exactissima suppleat quantum ei per comparationem
patrimonii deest.

In societate universorum bonorum hæc non conferenda
sunt quæ à prohibitis causis sunt acquisita, ut furto vel alio
maleficio; quæ si socius contulerit non potest a societate
repetere.

Hæc sunt societatis omnium bonorum emolumenta : nunc
superest ut videamus quæ onera sustineat.

Quum bona non intelligantur nisi deducto ære alieno, dicendum æs alienum cujusque socii huic societati oneri esse,
atque etiam quidquid ad suos familiæ que necessarios usus,
unus quisque ex sociis rogabit.

Item dicendum est de his qui in honorem alterius libero-
rum expensæ sunt, idemque de dotibus filiarum, quum ab
offficio parentum, atque necessitate vitæ sustinendæ dari
soleant.

§ 2. *De societate universorum quæ ex quæstu veniunt.*

Eadem hæc amplectitur quàm societas totorum bonorum,
nisi bona quæ socii priusquam sit contracta societas, possi-
dent et res quas, coita societate, acquirunt per hereditatem,
vel legatum, vel donationem, quia « plerumque vel a pa-
rente, vel a liberto quasi debitum nobis hereditas obvenit
nec ex quæstu obvenire dici potest; quæstus, enim intelli-
gitur qui ex operâ cujusque descendit. » (L. 8, *pro socio.*)

« Sed nec æs alienum, nisi quod ex quæstu pendebit, veniet in rationem societatis. » (L. 12, *pro socio*.)

§ 3. *De societate alicujus negotiationis.*

Hæc societas cujuslibet honestæ negotiationis, in eo a societate universorum bonorum differt, quod pecuniæ resve quæ ad exercendam negotiationem destinentur, non statim atque destinatæ sunt, communes fiunt, sed tunc demum quum reipsa collatæ fuerunt.

Hinc Celsus : « Si pecuniam contulissemus ad mercedem emendam, et mea pecunia periisset, cui perierit ea ? » Huic questioni facile est respondendum : « Si post collationem periit, societati, si antea socio. »

Societati alicujus negotiationis acquiritur omnis quœstus qui ex illà negotiatione profiscicitur ; non autem is quem aliunde socii faciunt.

§ 4. *De societate vectigalium.*

Hæc societas a precedenti non differt, nisi quod proprium est huic societati ut morte unius ex sociis non solvatur, sed inter superstites duret, quin etiam ut, si ab initio ita convenerit, hæres defuncti in societatem succedat.

§ 5. *De societate unius rei.*

Hæc societas coita est, si certa res vel una res, puta unum prædium, communes fiunt ; aut si qui ità contraxerint ut si alterutri justa hæreditas obveniret, communis foret. Hinc quæ sit, justa hereditas quæritur, utrum quæ jure legitimo obvenit, an etiam quæ testamento ? Et probabilius est legitiman hereditatem tantum hoc pertinere.

CAPUT SECUNDUM.

De legibus quæ societati adjici solent.

Plærumque adjicitur lex contractui societatis, circà partes quas quisque socius in societate feret.

Et quidem si non fuerint partes societati adjectæ, æquas eas, scilfcet viriles esse constat.

Si verò placuerit ut quis duas partes vel tres habeat, alius unam; an valeat? Placet valere, si modò aliquid plus contulit societati, vel pecuniæ vel operæ, vel cujuscumque alterius rei causâ.

Societas ita coiri potest ut nullius partem damni alter sentiat, lucrum vero commune sit : quod ita demum valebit si tanti alterius sit opera, quanti damnum est; plerumque enim tanta est industria socii ut plus societati conferat quam pecunia. Item si navigationis peregrinationisque PERICULA solus subeat.

Illud expeditum est si in unâ causâ pars fuerit expressa, veluti in solo lucro vel in solo damno, in altero vero omissa, in eoquoque quod prætermissum est, eamdem partem servari.

Recte etiam hæc lex in contrahendâ societate dici potest ut sit in arbitrio certæ personnæ, quam quisque partem habiturus sit. Arbitrorum verò sunt duo genera : unum ejusmodi ut, sive æquum sit, sive iniquum parere debeamus, quod observatur quum ex compromisso ad arbitrium itum est; alterum ejusmodi ut ad boni viri arbitrium redigi debeat, etsi nominatim persona sit comprehensa, cujus arbitratu fiat. Quum de societate agitur, eo casu, intelliguntur contrahentes de arbitrio boni viri sensisse.

Socii, quam quisque partem in societate laturus sit, boni viri vel unius ex sociis arbitrio committere possunt.

CAPUT TERTIUM.

De jure sociorum circà societatem.

Socius portionem quam in rebus communibus habet, in quemlibet transferre potest.

Sed nemo ex sociis, ait Gaïus plus parte suâ alienare potest, et si totorum bonorum socii sint. Et non solum socius res communes, nisi proparte suâ âlienare potest, sed-etiam in re communi nullus ex sociis, jure domini quicquam facere invito altero, potest : Unde manifestum est prohibendi jus esse. In re enim pari potiorem causam esse prohibentis constat.

Socius sociis suis aliorum socium citrà eorum consensum adjicere non potest. Hinc qui admittitur socius ei tantum socius est qui admisit; et rectè. Quum enim societas consensu contrahitur, socius mihi esse non potest quem ego socium esse nolui. Si ergò socius meus eum admisit, ei soli socius est; nam socii mei socius, meus socius non est, ait Ulpianus.

Et ideo culpa socii sui tenetur socius ergà societatem, e contrario factum quoque sociorum debet ei præstare socius, sicuti suum.

CAPUT QUÀRTUM.

Quibus mobis solvitur societas.

Quinque modis societas solvitur : 1° Ex personis ; 2° ex rebus; 3° ex voluntate; 4° ex actione; 5° ex tempore. Ideoque sive homines, sive res, sive voluntas, sive actio, sive tempus interierit, distrahi videtur societas.

§ 1. *Ex personis.*

Solvitur societas morte unius ex sociis, quia qui societam contrahit, certam personam sibi eligit. Quanquam plurium consensu societas contracta fuit, morte unius socii solvitur, plures etsi supersint, nisi in coeunda societate ut inter superstites duraret societas convenerint. Sed non ab initio pacisci possumus ut hæres succedat societati; in omne' vero jus socii quæ ex ante gesto pendet, succedit.

Ita res aguntur in privatis societatibus; sed in societate vectigalium plura sunt animadvertenda :

1° Uno ex sociorum defuncto, manet societas inter superstites, et quidem ipso jure citra ullam conventionem ; et socii hæres, quamvis ipse socius non sit, quamvis res societatis administrare non possit, damni et lucri fit particeps.

2° In coeunda vectigalium societate, conveniri posset ut, uno ex sociorum mortuo, perduraret societas, hæresque socium pro socio haberetur.

3° Vectigalium societas solvitur, quamvis aliter in principio convenerit, quum adeo necessaria defuncti industria vel opera visa est ut, interito socio, nec vivere possit societas.

Bonorum publicatione quoque distrahitur societas. Quod videtur spectare ad universorum bonorum publicationem, si socii bona publicentur : nam quum in ejus locum alius succedit, pro mortuo habetur.

Solvitur quoque societas maximâ aut mediâ capitis deminutione, « intereunt enim homines maximâ aut mediâ capitis deminutione, aut morte. » (L. 63, § 10). Sed non à minimâ capitis deminutione societas distrahitur.

Si socii, etiamsi unius ex sociorum capitis deminutio vel bonorum publicatio intervenerit, ut inter ipsos superstites maneret societas, convenerint, hoc novæ societatis esset initium.

§ 2. *Ex rebus.*

Ex rebus solvitur societas, quum res quarum societas contracta est intereunt : Quod accidit quum aut nullæ relinquantur, aut, conditione mutatâ, primum statum amiserint. Neque enim ejus rei quæ jam nulla sit, quisquam socius est : neque ejus quæ consecrata publicata ve sit.

Item si alicujus rei contracta sit societas, et finis negotio impositus est, finitur societas.

§ 3. *Ex voluntate.*

Voluntate distrahitur societas, id est renuntiatione. Manet societas eousquè donec in eodem consensu perseverarint : et quum aliquis renuntiaverit societati, solvitur societas. In communione vel societate nemo invitus detineri compellitur.

Ut valeat renuntiatio, necesse est ut bonâ fide sit facta et non intempestiva sit.

1° *Bonâ fide.* — Si quis callidè in hoc renuntiaverit societati, ut obveniens aliquod lucrum solus habeat ; veluti totorum bonorum socius quum ab aliquo hæres esset relictus, in hoc renuntiaverit societati ut hæreditatis lucrum solus haberet, cogitur hoc lucrum communicare. Si quid verò post renuntiationem acquisiverit, non erit communicandum quod non captaverit.

2° *Non intempestiva.* — Intempestiva autem est renuntiatio quum facta est eo tempore quò interfuit sociis non dirimi societatem : hoc que ponit exemplum Labeo : « Si emimus mancipia, initâ societate, deinde renunties mihi eo tempore quò vendere mancipia non expedit. »

Renuntiare per alios possumus, ita ut *per* procurationem, aut *procuratori*, renuntietur,

§ 4. *Ex actione.*

Ex actione solvitur societas quum aut stipulatione aut judicio mutata sit causa societatis. Proculus enim ait, hoc ipso quod judicium ideò dictatum est ut societas distrahatur, renuntiatam societatem sive totorum bonorum sive unius rei societas contracta sit.

§ 5. *Ex tempore.*

Societatem ad tempus contrahi posse diximus, sed finito tempore, ipso jure non distrahitur societas : cuique socio recedere libet, quia jure suo utitur.

CAPUT QUINTUM.

De actione pro socio.

Actio pro socio dici potest bonæ fidei actio quà unus ex sociis vel illius hæres, à cœteris sociis, vel abillorum hæredibus, quod ex societatis contractu sibi debeatur, persequitur.

Nec, enim, sufficit ut aliquid in commune gestum sit, ut sit pro socio actio : undè Ulpianus : « Ut sit pro socio actio societatem intercedere oportet. »

Actioni *pro socio* præcipuè locus est finita societate, quum totius negotii rationem hæc actio exigat.

Tamen nonnumquam necessarium est et manente societate agi *pro socio*, veluti quum societas vectigalium causâ

coita est : propter que varios contractus neutri expediat recedere à societate nec refertur in medium quod ad alterum
pervenerit.

Item manente societate, *pro socio* agitur ut socius re
communi socium uti patiatur.

Si plures sint inter eosdem societates coitæ, ad omnes
societates sufficere hoc unum judicium constat.

Actio *pro socio* ad præstationes personales propriè perti-
net : quum ad communium rerum divisionem competat actio
communi dividundo.

Quarum præstationum duo sunt genera : Primum quod
societati à socio debeatur inpiciamus ; deindè quod socio à
societate præstandum sit videbitur.

§ 1. *De eo quod societati a socio debetur.*

Singuli ex sociis in medium conferre debent omnia, quæ
iniente societate, promiserunt se collaturos.

Quod si totorum bonorum societas sit, ipsa coitione bona
societatis fiunt propria, illique pereunt ; sed si unius rei,
aut certarum rerum, societas coita sit, et res, quas sum
allaturus pereat, mihi perit, nisi, etiamsi moram non adhi-
buissem, tamen periisset : quo, enim, casu et societate perit.

Quum autem ex his, quæ societati debentur solus inte-
gram partem receperim, si, posteâ, solvendo non sit debitor,
pars mea in commune redigenda est ut et denuo inter socios
dividatur.

Societati quoque debetur omne quod de medio tulit unus ex
sociis et suis propriè negotiis impenderet ideòque Papinia-
nus ait : «Socius, si ideò condemnandus erit, quod pecuniam

communem invaserit, vel in suos unus converterit, omni modo, etiam moræ non interveniente, præstabuntur usuræ (L. 1, § 1, *de Usuris*).

Etiam quidquid damni socius, suâ culpâ, pepererit, hoc detrimentum ab illo sarciendum erit, nec distinguendum an in committendo vel in omittendo peccaverit, aut dolo malo: Actione *pro socio* tenebitur dum minus diligentiæ communibus rebus adhibuerit quam suis adhibere solet : « Culpa enim, non ad exactiorem diligentiam redigenda est. » (L. 72. pro socio) cœterum «Qui parum diligentem socium sibi acquerit, de se quæri debet. » (L. 72).

» Nec compensatur compendiums cum negligentiâ. » (L. 26. *Pro soc.*)

§ 2. — *De co quod socio a societate debetur.*

Si quis sociorum societati certarum rerum unum promiserit, resque ipsas in medium contulerit, res suas, finitâ societate, repetet, agetque actione *pro socio.*

Si quis ex sociis in rem communem aliquid impenserit, quodcumque in negotia societatis conjecerit societati rectè imputabitur. (L. 52, § 15, et L. 67, § 2.)

CAPUT SEXTUM.

Cumquibus actionibus concurrit actio pro socio.

Plerumque concurrit actio *pro socio* cum actione communi dividundo.

Nam si tecum societas mihi sit, et res ex societate communes, quam impensam in eas fecero, quos ve fructus ex his rebus perceperis, vel *pro socio* vel communi *dividundo* consequi possum.

Et quidem altera actione alteram tolli non dubium est; hoc verò ità est accipiendum : si actum sit *communi dividundo*, non tollitur *pro socio* actio, quoniam *pro socio* et nominum rationem habet, et adjudicationem non admittit. Sed si posteà *pro socio* agatur, hoc minùs ex ea actione consequitur, quod ex prima actione consecutus est.

Item aliquandò concurrit hæc actio *pro socio* cum *legis Aquiliæ* actione, vel cum actione *furti* et *conditione furtiva*, vel cum actione *vi bonorum raptorum*.

POSITIONES.

I. Num societas contrahi potest sub conditione ? — Potest.

II. Quomodo intelligere debemus quum dicitur æquales partes socios habere? — Omnes partes omnimodo adæquari, et non pro rata portione abunoquoque collata.

III. Cur legata vel donationes non complectitur societas universorum quæ en quæstu veniunt?

IV. Lex 29 *pro socio* prohibet ne socios qui æquam pecuniæ vel operæ quantitatem contulerunt, non æquas si ita conventum fuerit, partes habere? — Non prohibet.

V. Ad quam culpam socius socio tenetur? — Ad culpam levem in concreto.

CODE NAPOLÉON

De l'obligation de livrer un corps certain, de ses effets et de son extinction par la perte de la chose due.

(Art. 1136 à 1141. — Loi du 23 Mars 1855. — Art. 1302 et 1303)

Cette matière est traitée dans le Code Napoléon sous la rubrique : « de l'Obligation de donner. » Assurément, le législateur n'a pas voulu prendre le mot de donner dans son acception la plus large, *præstare*, donner à titre quelconque, mais dans le sens du mot *dare*, qui signifie transférer la propriété d'une chose, qu'il s'agisse soit de la propriété entière, soit d'un démembrement du droit de propriété, soit à titre gratuit, soit à titre onéreux. Cela résulte de l'article 1136, qui nous apprend que l'obligation de donner emporte, comme conséquence, l'obligation de livrer, et de l'article 1138, aux termes duquel l'obligation de livrer rend le créancier propriétaire.

L'article 1136 est ainsi conçu : « L'obligation de donner emporte celle de livrer la chose et de la conserver jusqu'à la livraison, à peine de dommages et intérêts envers le créancier. » Mais notre article ne nous dit pas s'il s'agit d'un objet déterminé dans son espèce ou d'un objet déterminé dans son individualité. Il ne peut s'agir que d'un corps certain, puisque l'obligation de donner entraîne celle de conserver la chose jusqu'à la livraison. Et comment appliquer cette dernière obligation à des objets qui ne seraient déterminés que dans leur espèce? Exemple : Je vous vends un cheval de tel âge, de telle taille, de telle race; il est bien évident que mon obligation se résoudra à vous procurer un cheval réunissant les conditions convenues entre nous et qu'elle n'entraînera point pour moi l'obligation de conserver la chose Si, au contraire, je vous vendais le cheval noir qui se trouve dans mon écurie, l'obligation de le conserver jusqu'à la livraison existe pour moi, et alors seulement, si je ne l'ai pas conservé, je serai passible de dommages-intérêts; tandis que dans l'hypothèse précédente, où il ne peut pas être question de conserver la chose, l'obligation de livrer sera seule sanctionnée par des dommages et intérêts. L'article 1136 ne peut donc s'appliquer qu'à l'obligation de transférer la propriété d'un corps certain.

Il est très important de ne point confondre un corps certain avec un objet certain : Un corps certain est un objet déterminé *in ipso individuo;* un objet certain est celui qui est déterminé seulement quant à son espèce. Exemple : Je promets de vous vendre tel cheval moyennant un prix : cet objet se trouve déterminé dans son individualité. C'est un corps certain, mais si je vous vends tout simplement un cheval, cet objet se trouve seulement déterminé dans son espèce : c'est un objet certain.

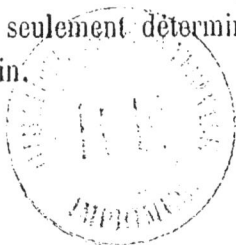

2

SECTION PREMIÈRE.

Théorie des Fautes.

« L'obligation de veiller à la conservation de la chose, soit que la convention n'ait pour objet que l'utilité de l'une des parties, soit qu'elle ait pour objet leur utilité commune, soumet celui qui en est chargé à y apporter tous les soins d'un bon père de famille. — Cette obligation est plus ou moins étendue relativement à certains contrats dont les effets, à cet égard, sont expliqués sous les titres qui les concernent. » — Article 1137, Code Napoléon.

Cet article établit une règle particulière à l'obligation de conserver la chose, mais il doit être étendu à toutes les obligations indistinctement. Il nous donne la limite de la responsabilité de toute personne obligée. A cet égard, le Code Napoléon s'est complètement séparé de la loi romaine.

Notre ancien Droit français avait adopté et suivi un système que, sur la foi des commentateurs, on croyait être celui des Romains.

Pothier et nos anciens auteurs distinguaient trois sortes de fautes : 1° la *culpa lata* ou faute lourde, qui était presque toujours assimilée au dol ; on appelait ainsi celle que le débiteur n'eût pas commise s'il se fût agi de ses propres affaires; 2° la *culpa levis*, faute légère, celle que n'aurait pas commise un bon père de famille, c'est-à-dire un administrateur soigneux et diligent ; 3° la *culpa levissima*, faute très légère, celle que n'aurait pas commise un administrateur très diligent et très habile. Sur ces trois fautes reposait la responsabilité du débiteur, responsabilité qui variait suivant l'intérêt qu'il avait dans le contrat.

Le contrat était-il fait dans l'intérêt exclusif de débiteur? ce dernier se trouvait responsable de sa faute, même très légère, comme dans le commodat.

S'agissait-il d'un contrat formé dans l'intérêt exclusif du créancier, comme le dépôt? le débiteur n'était responsable que de sa faute lourde.

Si le contrat avait eu lieu dans l'intérêt réciproque des deux parties, comme dans la vente, le louage, le débiteur ne répondait que de sa faute légère et à plus forte raison de sa faute lourde.

Ce système de la division tripartite des fautes semble, au premier abord, très séduisant, mais il est impraticable; et Pothier lui-même reconnaît que dans la pratique il n'était d'aucun secours. Du reste, il n'était point en harmonie avec les textes du Droit Romain. Ce qui le caractérise, c'est la division tripartite des fautes, et jamais dans aucun texte nous ne trouvons l'expression *levissima culpa* appliquée aux contrats. On la retrouve une fois dans la loi Aquilia qui correspond aux articles 1382 et 1383 du Code Napoléon, chapitre des délits ou quasi-délits; mais ce n'est qu'à propos de cette loi qu'il est question d'une *levissima culpa*. — Une semblable responsabilité ne peut exister que dans les faits qui n'ont point leur essence dans un contrat. Or, la loi Aquilia repose sur des faits non contractuels, dans lesquels la moindre négligence suffit pour engager la responsabilité.

Ce vieux système attribué à tort aux Romains, a été critiqué avec juste raison, car il établit une *levissima culpa* dans les faits contractuels. De nos jours, cette théorie a été complètement abandonnée; voici la théorie nouvelle des interprètes modernes sur le Droit Romain.

A Rome il n'existait que deux sortes de fautee : la *culpa lata* et la *culpa levis*. La *culpa lata* était assimilée au dol. La *culpa levis* pouvait être appréciée *in abstracto* ou *in concreto*. La *culpa levis in abstracto* était celle que n'aurait point commise un père de famille administrateur sérieux et intelligent. Ici le débiteur est comparé au type abstrait d'un bon père de famille. La *culpa levis in concreto* était celle que le débiteur n'aurait point commise dans l'administration de ses propres affaires. Dans cette faute, ce n'est point au type abstrait d'un bon père de famille, mais à lui-même qu'est comparé le débiteur. S'il a agi comme pour lui-même, n'eût-il pas agi comme un bon père de famille, sa responsabilité n'est point engagée. Si, au contraire, l'on découvre qu'il n'a pas apporté la même somme de diligence qu'il apporte ordinairement à ses propres affaires, sa responsabilité sera engagée.

Telle est la théorie qui paraît être celle du Droit Romain.

En Droit Romain, pour l'appréciation des fautes, il était de principe que l'on devait prendre pour base l'utilité des contrats ; mais le développement pratique du droit a démontré qu'on se heurte à de grandes difficultés, si l'on prend une telle base pour calculer la responsabilité de la personne obligée. Aussi n'est-ce pas sans raison que les rédacteurs du Code Napoléon ont rejeté la théorie romaine et ont formulé le nouveau principe posé par l'article 1137.

Ce troisième système consiste à exiger du débiteur des soins identiques à ceux d'un bon père de famille, sans avoir à se demander dans l'intérêt de qui a été formé le contrat. La vigilance est toujours appréciée *in abstracto*. Ces principes, beaucoup plus simples que ceux du Droit Romain, ont trait à toutes les obligations et forment une règle générale qui reçoit son application dans l'article 450 du Code Napoléon sur l'administration du tuteur, et dans l'article 601 du même Code, à propos des obligations de l'usufruitier. Ces articles s'appliquent à des hypothèses où il n'y a pas eu contrat, mais seulement quasi-contrat; donc, notre règle est générale et absolue.

Le législateur repousse l'appréciation de la faute *in concreto*. Après avoir dit : « L'obligation de veiller à la conservation de la chose, soit que la convention n'ait pour objet que l'utilité de l'une des parties, soit qu'elle ait pour objet leur utilité commune, soumet celui qui en est chargé à y apporter tous les soins d'un bon père de famille, » l'article 1137 ajoute: « Cette obligation est plus ou moins étendue…, etc. » Ce qui signifie que cette appréciation *in abstracto* sera plus ou moins grande. Les juges auront beaucoup de latitude pour apprécier. Cela ressort de l'art. 1374 qui nous dit que le gérant d'affaires « est tenu d'apporter à la gestion de l'affaire tous les soins d'un bon père de famille. Néanmoins, les circonstances qui l'ont conduit à se charger de l'affaire, peuvent autoriser le juge à modérer les dommages et intérêts qui résulteraient des fautes ou de la négligence du gérant, » et de l'article 1992 d'après lequel « le mandataire répond, non-seulement du dol, mais encore des fautes qu'il commet dans sa gestion. Néanmoins, la responsabilité relative aux fautes est appliquée moins rigoureusement à celui dont le mandat est gratuit, qu'à celui qui reçoit un salaire. »

Il faut rattacher l'article 1137 à l'article 804. Certains auteurs ont cru voir dans ce dernier article une appréciation *in concreto*, mais c'est une erreur manifeste ; et lorsque l'article 804 nous apprend que l'héritier bénéficiaire « n'est tenu que des fautes graves dans l'administration dont il est chargé, » cela veut dire qu'il faudra toujours comparer l'héritier bénéficiaire à un bon père de famille.

Il existe cependant un cas où la loi fait exception au principe général , et où la faute est appréciée *in concreto:* c'est le cas de dépôt. Le dépositaire est comparé à lui-même. L'on suppose qu'une convention tacite est intervenue entre les parties, d'après laquelle le dépositaire a consenti à laisser mettre la chose du déposant avec les siennes, et que leur intention commune a été qu'il la surveillerait comme et avec les siennes ; et l'article 1927 déclare que « le dépositaire doit apporter dans la garde des choses déposées les mêmes soins qu'il apporte dans la garde des choses qui lui appartiennent. » Nous avons dit plus haut que les juges auront une grande latitude dans l'application de la règle générale. L'article 1928 nous apprend que dans le cas spécial du dépôt, la règle spéciale au dépositaire devra s'appliquer avec plus de rigueur qu'à l'ordinaire dans les circonstances suivantes : 1° Si le dépositaire s'est offert lui-même pour recevoir le dépôt ; 2° s'il a stipulé un salaire pour la garde du dépôt ; 3° si le dépôt a été fait uniquement pour l'intérêt du dépositaire ; 4° s'il a été convenu expressément que le dépositaire répondrait de toute espèce de faute.

SECTION II.

Translation de la propriété.

Cette question doit être étudiée à deux points de vue : 1° par rapport aux parties contractantes; 2° par rapport aux tiers.

§ 1. — Transmission de la propriété entre les parties contractantes.

L'article 1138 pose le principe nouveau de la translation de la propriété sans tradition par le simple consentement. Pour étudier cet article avec fruit, il est bon de se reporter à la législation Romaine et à notre ancien Droit Français. Nous chercherons ensuite à comprendre le véritable sens que le législateur a voulu y attacher, en faisant l'historique de la rédaction.

En Droit Romain, la propriété des choses ne se transférait point par le seul effet des pactes ou des conventions, mais par la tradition, *non nudis pactis sed traditionibus dominia rerum transferuntur*. Le simple consentement résultant du pacte ne pouvait pas engendrer de droit réel, il ne produisait qu'un simple droit de créance. Le contrat ou la convention ne créait que l'obligation de donner, *obligationem dandi*. Le contrat rendait créancier, il permettait d'exiger le transfert de la propriété qui n'était transmise que par la tradition.

Dans notre ancien Droit, l'on avait admis en principe la doctrine Romaine ; mais à la différence du Droit Romain, qui exigeait une tradition réelle, solennellement manifestée par la *mancipatio* ou la *cessio in jure*, etc., notre ancienne jurisprudence admit une tradition fictive que les parties pouvaient toujours opérer en déclarant seulement qu'elles le voulaient ainsi. Cette déclaration s'appelait clause de *constitut* et de *précaire* ou de *dessaisine-saisine*. Aussi, dans les actes de vente, par exemple, les notaires devaient-ils insérer une clause consistant à dire que le vendeur se *dessaisissait et devêtissait pour saisir et vêtir* l'acquéreur.

Notre article, conforme aux dispositions de l'article 711 qui dit que la propriété se transmet par l'effet des obligations, a eu pour effet de faire disparaître la tradition et de faire produire aux conventions les mêmes conséquences que si elles avaient été suivies de la tradition. Le premier paragraphe est ainsi conçu : « L'obligation de livrer la chose est parfaite par le seul consentement des parties contractantes. » Cette rédaction est vicieuse ; elle n'exprime pas clairement le fonds de la pensée du législateur ; assurément ce dernier n'a pas voulu dire, comme l'ont prétendu certains interprêtes, que le seul consentement suffisait pour *former* l'obligation, mais que le seul consentement était suffisant pour *consommer* l'obligation, c'est-à-dire pour lui faire produire tous ses effets ; en un mot, il a entendu exprimer cette idée que le seul consentement produirait instantanément cette tradition fictive qui opère la translation de propriété.

L'intention du législateur devient évidente si l'on se reporte aux articles 938, 1583 et 1703.

L'article 938 nous apprend que la donation dûment acceptée sera parfaite par le seul consentement des parties ; la propriété des objets donnés, ajoute cet article, sera transférée au donataire, *sans qu'il soit besoin d'autre tradition.*

L'article 1583 nous dit que la vente est parfaite entre les parties, et la propriété est acquise de droit à l'acheteur à l'égard du vendeur, dès qu'on est convenu de la chose et du prix, quoique la chose n'ait pas encore été livrée ni le prix payé.

Enfin, aux termes de l'article 1703, l'échange s'opère par le seul consentement, de la même manière que la vente.

Pourquoi donc les rédacteurs du Code ne se sont-ils pas exprimés aussi nettement dans l'article 1138 que lorsqu'il

s'agit des donations, de la vente et de l'échange ? C'est
que, surtout en innovant, leur intention était de ne point
paraître ériger un principe nouveau comme l'eût été celui-ci :
« La propriété se transmet par le seul effet du consentement
ou des conventions, sans tradition, » en présence de celui
du Droit Romain et de l'ancien Droit Français. Du reste,
pour être parfaitement fixé sur le sens du premier paragraphe
de l'article 1138, il suffit de lire les explications données
par les rédacteurs eux-mêmes. M. Portalis, sur l'article 1583,
disait : « Il s'opère par le contrat une sorte de tradition
civile qui consomme le transport du droit » et M. Bigot de
Préameneu, dans l'Exposé des motifs, s'exprimait ainsi : « Il
n'est donc pas besoin de tradition réelle pour que le créancier
doive être considéré comme propriétaire ; aussitôt que l'instant où la livraison doit se faire est arrivé, ce n'est plus un
simple droit à la chose qu'a le créancier, c'est un droit de
propriété, un *jus in re*. »

Après avoir établi le véritable sens du premier alinéa de
l'article 1138, tâchons d'éclaircir le sens du second. L'obligation de livrer, y est-il dit, rend le créancier propriétaire et
met la chose à ses risques et périls *dès l'instant où elle a dû
être livrée*. On a remarqué avec raison que cette rédaction
était vicieuse ; elle est en contradiction avec le principe du
transfert de la propriété sans tradition ; en effet, elle condui-
rait à dire que si un terme avait été stipulé pour la livraison,
c'est seulement à l'échéance du terme que la chose serait aux
risques des créanciers, ce qui est complètement faux. Nous
verrons plus loin que l'article 1502 établit le contraire. En
un mot, le véritable sens qu'il faut attacher au deuxième
alinéa de notre article est celui-ci : l'obligation de livrer rend
le créancier propriétaire et met la chose à ses risques et pé-

rils, dès l'instant où la livraison est censée avoir été faite.

L'article 1158 traite encore la question des risques sur laquelle nous allons bientôt revenir..

§ 2. TRANSMISSION DE LA PROPRIÉTÉ A L'ÉGARD DES TIERS.

La question du transfert de la propriété envisagée à l'égard des tiers peut s'élever pour les meubles et les immeubles.

1° Transmission des immeubles.

A l'égard des immeubles, la question du transfert de la propriété soulevait un grave problème, la question était de savoir si le transfert devait être rendu public. Exemple : je vends une maison à Primus moyennant tel prix, plus tard je vends le même fonds à Secundus ; les deux acquéreurs successifs ne peuvent pas être tous les deux propriétaires exclusifs ; il y a un acquéreur qui devra être préféré à l'autre. Mais pourquoi ai-je pu vendre deux fois le même fonds? Précisément parce que la vente a été clandestine ; le second acquéreur ignorait que j'avais déjà vendu la maison, voilà pourquoi la question de publicité fut discutée. Le principe de solution doit être puisé dans les notions du droit de propriété.

Nous savons que les droits réels sont absolus; ils existent *ergà omnes ;* on peut opposer à tout le monde le droit de propriété, ce qui se traduit en disant que la propriété est un droit absolu. Il faut donc que le droit de propriété soit porté à la connaissance de tous. La propriété ne peut pas être transférée d'une manière occulte. S'il s'agissait au contraire d'un droit de créance, une publicité relative suffirait ; voilà pourquoi chez les Romains la propriété ne se transfère pas par le seul effet des obligations, car les obligations ne sont connues que des parties contractantes, mais par des modes solennels, tels que la *mancipatio*, le *cessio in jure*.

Sous l'ancienne jurisprudence, dans certains pays, Artois, Picardie, Flandre, le seigneur n'était censé avoir consenti à l'aliénation d'un fief, que lorsque ce fief avait été aliéné par acte public et que cet acte avait été transcrit sur un registre public que tout le monde pouvait consulter ; le transfert de la propriété devait être notifié au public.

La législation intermédiaire, dans la loi du 11 brumaire an VII, affirma le véritable caractère de la propriété, en établissant la transcription sur le registre du conservateur des hypothèques du lieu de la situation des immeubles. Ce mode de publicité pourtant si avantageux trouva beaucoup de détracteurs. Pour les aliénations gratuites, le principe de la transcription fut adopté à l'unanimité. Pour les aliénations à titre onéreux, la question de publicité trouva de nombreux adversaires, si bien que la solution fut renvoyée au titre de la Vente et des Hypothèques, comme nous l'enseigne l'article 1140.

Cependant, la question ne fut résolue, ni au titre de la Vente ni au titre des Hypothèques. Elle avait été, il est vrai, prévue et réglée dans le sens de la loi de Brumaire par l'article 91 du projet de loi sur les hypothèques, mais cette disposition ne s'est point retrouvée dans la rédaction définitive de la loi.

La nécessité de la transcription est donc repoussée.

Postérieurement à la promulgation du Code Napoléon, l'art. 874 du Code de Procédure est venu consacrer de nouveau ce système de la translation absolue de la propriété des immeubles par le seul consentement de l'aliénation et de l'acquéreur, et sans aucune nécessité de transcription.

Enfin, la loi du 23 mars 1855 est venue mettre fin à cet état de choses, et fidèle à la loi du 11 brumaire an VII, elle a proclamé le grand principe de la transcription.

2° *Transmission des meubles.*

Quant aux meubles, il faut distinguer entre les meubles corporels et les meubles incorporels.

Les meubles incorporels sont les créances, la transmission se nomme cession; entre les parties contractantes, la cession s'opère par le seul consentement; à l'égard des tiers il faudra une certaine publicité, mais cette publicité sera purement relative, car le débiteur est seul intéressé; elle consiste dans une notification au débiteur. Ceci s'applique simplement aux créances civiles.

Lorsqu'il s'agit de créances commerciales (lettres de change, billets au porteur, etc.), la session s'opèrera sans aucune espèce de signification. La lettre de change est cédée par ce que l'on appelle endossement (voir l'article 156 du Code de Commerce). Le débiteur n'a aucun intérêt à savoir à qui est cédée la lettre de change.

Occupons-nous maintenant du transfert de la propriété des objets corporels. La question ne présente de l'intérêt que lorsqu'il y a conflit entre deux acquéreurs successifs de la même chose. Lequel des deux sera propriétaire? Cette question est résolue par l'article 1141 qui contient trois idées distinctes : 1° Il s'occupe d'abord du conflit qui peut exister entre un premier acquéreur et un second, à qui des droits réels auraient pu être promis par l'aliénateur lui-même : Il faut nécessairement supposer que les deux acquéreurs tiennent leurs droits du même aliénateur.

2° Ce même article décide qu'entre deux acquéreurs

d'une même chose dont aucun n'a reçu tradition réelle, la préférence appartient au premier acquéreur.

3° La tradition réelle, matérielle, doit toujours l'emporter sur l'antériorité de la tradition civile, résultant du seul consentement des parties, pourvu toutefois que la possession soit de bonne foi.

D'où il suit que la tradition en matière de meubles joue le même rôle que la transcription en matière immobilière. Et, supposons deux acquéreurs successifs d'un même immeuble, qui n'ont ni l'un ni l'autre fait transcrire le contrat: la préférence est accordée à l'antériorité du titre. — Entre plusieurs acquéreurs successifs d'un immeuble, la préférence appartient à celui qui a fait transcrire le premier, encore que son titre soit le dernier en date. — En matière immobilière, si le deuxième acquéreur qui a fait transcrire le premier était de mauvaise foi, le premier acquéreur, quoique n'ayant pas fait transcrire, sera préféré. — Pour les meubles, la tradition produit les mêmes effets.

Notre article a donné naissance à diverses interprétations. Certains auteurs en ont conclu que la propriété des meubles ne se transfère pas *ergà omnes* par le seul effet du consentement; car, disent-ils, si la propriété était transférée *ergà omnes,* dans le cas de vente successive à deux acheteurs, le premier aurait le droit de revendiquer la chose entre les mains du second qui l'aurait en sa possession. Or, l'article 1141 lui refuse le droit de revendication; donc, la propriété des meubles n'est pas transférée *ergà omnes* par le seul consentement, donc il faut une tradition.

Ce système nous semble vicieux; enfin, si une tradition était nécessaire, le second acquéreur aurait acquis d'un véritable propriétaire, et dès-lors, qu'il fût de bonne ou de mauvaise foi, son acquisition serait valable. Ce qui est en contradiction avec l'article 1141.

D'un autre côté, il est vrai de dire que le premier acqué-reur ne peut pas revendiquer contre le second; mais c'est parce que le second acquéreur est devenu propriétaire, non pas en vertu de la convention, mais en vertu d'une prescrip-tion instantanée qui s'est accomplie à son profit. L'article 1141 n'est qu'une application de la maxime coutumière « en fait de meubles la possession vaut titre » reproduite dans l'article 2279.

SECTION III.

Question des risques.

En nous plaçant dans l'hypothèse d'une convention synal-lagmatique, la vente, par exemple, nous supposons une obli-gation corrélative à l'obligation de livrer. C'est alors que la question des risques se présente avec intérêt. Il s'agit de sa-voir si, quand l'obligation de livrer une chose individuelle-ment déterminée s'éteint par la perte de la chose, l'obliga-tion corrélative, celle de payer le prix, est aussi éteinte.

Telle est la question que tranche le deuxième paragraphe de l'article 1138 : Elle (l'obligation de livrer un corps cer-tain) rend le créancier propriétaire et met la chose à ses risques dès l'instant où elle a dû être livrée, encore que la tradition n'en ait point été faite..... »

En Droit Romain, les risques étaient pour l'acheteur, et ce dernier, quoique ne pouvant réclamer la chose, était tenu d'en payer le prix. Cette décision était très rationnelle ; en effet, la vente produit une obligation de la part de l'acqué-reur, il y a un échange de créance entre les parties. Si pour une raison quelconque l'une de ces obligations ne peut se former, la règle est que cela empêche l'autre de prendre naissance ; mais une fois qu'elles ont coexisté, l'extinction de l'une ne doit pas amener nécessairement l'extinction de l'autre. Deux objets ayant été échangés, la circonstance que l'un périt en tout en partie, ou bien au contraire qu'il augmente de valeur, n'influe en rien sur le sort de l'autre.

On a invoqué contre cette décision la maxime *resperit domino non creditori*. Mais cette observation n'est pas sérieuse, car cette prétendue règle n'a jamais existé. Cependant elle a exercé une influence sur la doctrine ; Cujas lui-même se laissa influencer par cette règle ; il déclara qu'il était inique et contraire à la pratique Romaine, que l'acheteur supportât les risques si la chose n'avait pas encore été livrée. Le bon sens proteste contre cette théorie : un principe d'équité domine cette matière. L'acheteur profiterait des avantages de la chose si elle venait à augmenter de valeur, il est parfaitement équitable qu'il en supporte les inconvénients, c'est-à-dire les détériorations et la perte. *Ubi emolumentum ibi et onus esse debet.*

La règle de l'article 1138 n'est pas une innovation du Code ; elle a été admise de tout temps, dans le Droit Romain et dans notre ancienne jurisprudence. Elle n'est donc pas la conséquence du principe nouveau de la translation de la propriété sans tradition, par le seul effet du contrat.

En Droit Romain, l'acheteur supporte les risques par la seule raison qu'il est créancier, et cette raison est bien suffisante.

Aujourd'hui, le créancier d'un corps certain supporte les risques pour deux raisons : 1° parce qu'il est créancier, et 2° parce qu'il est propriétaire.

Nous avons tâché d'établir la règle, étudions maintenant les exceptions. Les risques sont à la charge du débiteur de la chose, bien qu'il ait cessé d'en être propriétaire :

1° Lorsqu'il s'en est chargé par une clause expresse. — La règle que les risques sont à la charge du créancier n'est pas d'ordre public, et il est certain qu'on peut y déroger par une convention contraire.

2° Lorsque le débiteur est en demeure. Cette dérogation est apportée par l'article 1138. Mais quand le débiteur sera-t-il en demeure? y sera-t-il par la seule échéance ? Faut-il admettre l'ancienne règle : *Dies interpellat pro homine ?* Non, si le débiteur n'est pas mis en demeure quoique l'échéance soit arrivée, il ne courra pas les risques ; la loi a voulu protéger le débiteur, tant pis pour le créancier s'il est resté dans l'inaction; donc, la demeure n'est pas encourue de plein droit. Les principes du Code sont en cette matière contraire à ceux du Droit Romain.

L'article 1139 nous apprend comment le débiteur est constitué en demeure. Aux termes de cet article, « le débiteur est constitué en demeure, soit par une sommation ou par autre acte équivalent, soit par l'effet de la convention, lorsqu'elle porte que, sans qu'il soit besoin d'acte et par la seule échéance du terme, le débiteur sera en demeure. »

La sommation est un acte d'huissier par lequel le créancier enjoint au débiteur de satisfaire à son obligation; quelquefois la loi exige plus qu'une sommation; elle exige une demande en justice, par exemple, lorsqu'il s'agit d'obligations de sommes d'argent pour lesquelles l'article 1153 donne des règles spéciales. Dans ce cas, il ne peut pas être question de risques, car l'argent est un genre et les genres ne périssent pas.

Autrefois, on admettait que la simple échéance du terme suffisait pour constituer le débiteur en demeure, ce que l'on traduisait par la règle *dies interpellat pro homine;* le droit moderne, en abrogeant cette règle, s'est montré plus libéral.

Toutefois, et par exception, le débiteur pourra encore aujourd'hui se trouver en demeure par la seule échéance du terme :

1° Lorsque cela aura été expressément stipulé par les parties. La dispense d'un acte spécial de mise en demeure du débiteur peut être induite des clauses de l'acte; les termes employés par l'article 1159 ne sont pas sacramentels. (Cass., 18 février 1856).

2° Lorsque l'obligation était de telle nature qu'elle ne pouvait être exécutée qu'avant l'expiration du délai que le débiteur a laissé passer. (Art. 1146).

3° Lorsqu'il existe dans la loi une disposition formelle à cet égard : ainsi, le voleur est tenu de restituer sans retard la chose volée (article 1302).

4° Lorsque le débiteur fait ce qu'il a promis de ne pas faire (art. 1155). Il est alors en demeure par le seul fait de la contravention.

SECTION IV.

Perte de la chose due.

Le principe général en cette matière est celui-ci : Lorsque la prestation qui fait l'objet d'une obligation devient impossible, cette obligation est éteinte par suite de l'impossibilité de l'accomplir. *Obligatio quamvis ab initio rectè constituta, extinguitur si inciderit in cum casum à quo incipere non poterat.* — Tout inconvénient qui rend impossible l'accomplissement de l'obligation, entraîne l'extinction de l'obligation, peu importe que l'obligation ait pour objet une chose ou un fait ; l'évènement qui fera obstacle à son exécution sera toujours la perte de la chose due. (Voir loi 140, § 2, D., *de Verborum obligationibus*.)

L'article 1302 n'est qu'une application du principe que nous venons de poser. Il s'exprime ainsi :

« Lorsque le corps certain et déterminé qui était l'objet de l'obligation vient à périr, est mis hors du commerce, ou se perd de manière qu'on en ignore absolument l'existence, l'obligation est éteinte si la chose a péri ou a été perdue sans la faute du débiteur, et avant qu'il fût en demeure. — Lors même que le débiteur est en demeure, et s'il ne s'est pas chargé des cas fortuits, l'obligation est éteinte dans le cas où la chose fût également périe chez le créancier si elle lui eût été livrée. — Le débiteur est tenu de prouver le cas fortuit qu'il allègue. — De quelque manière que la chose volée ait péri ou ait été perdue, sa perte ne dispense pas celui qui l'a soustraite d'en restituer le prix. »

Le mot perte est pris ici dans son sens le plus général : ainsi, lorsque l'Etat s'empare pour cause d'utilité publique, par exemple, pour en faire une grande route, du terrain que je vous dois, la chose due est réputée périe, et je suis libéré.

Il faut remarquer que la rubrique de la section VI, chapitre V, titre III, livre III du Code Napoléon est beaucoup trop étroite. Au lieu de parler seulement de *la perte de la chose due*, il fallait donner à un texte de loi qui n'est que la traduction du proverbe : *à l'impossible nul n'est tenu*, la rubrique suivante : « *de l'évènement rendant impossible l'exécution de l'obligation.* »

Nous examinerons successivement, 1° les conditions auxquelles la perte de la chose due éteint l'obligation, et 2° les conséquences de cette extinction.

§ 1. *Conditions auxquelles la perte de la chose due éteint l'obligation.*

Certaines conditions sont nécessaires pour que l'obligation soit éteinte par la perte de la chose due.

1° *Il faut qu'il s'agisse d'un corps certain et déterminé.* Ce mode de libération est fondé sur ce principe, que les débiteurs d'un corps certain sont libérés par la perte de la chose due, *debitores certi corporis ejus interitu liberantur.* Dans ce cas, le débiteur se trouve dans l'impossibilité matérielle de remplir son obligation.

La perte de la chose ne peut se concevoir qu'autant que l'obligation a pour objet un corps certain et déterminé; s'il s'agissait d'une chose indéterminée ou déterminée seulement quant à son espèce, il ne pourrait y avoir extinction par la perte de la chose due. *Genus numquam perit.*

2° *Il faut que le débiteur ne soit pas en faute et qu'il n'ait pas encore été mis en demeure.* Si la perte de la chose résulte d'un fait du débiteur, ce dernier sera obligé, Il doit être considéré comme responsable, alors même que la chose eût péri par cas fortuit. La responsabilité du débiteur est encore engagée, lorsqu'il a été constitué en demeure, car il est possible que sans le retard qu'il a mis à exécuter son obligation, l'objet se fût soustrait aux causes qui ont amené sa perte.

La perte d'une chose volée, nous a dit l'article 1302, ne dispense pas celui qui l'a soustraite d'en restituer le prix.

Pothier enseigne, en s'appuyant sur le Droit Romain, qu'il

n'y a pas lieu d'examiner si la chose volée eut également péri si elle fût restée chez le propriétaire, en un mot, que le voleur n'est pas admis à faire la preuve du cas fortuit. Cette disposition doit être interprétée dans le même sens, car elle a été entièrement empruntée à Pothier.

Cependant, cette disposition a fait naître une controverse sur la question de savoir si le voleur doit être admis à prouver que la chose aurait également péri chez le créancier ou qu'elle a péri sans sa faute? — M. Duranton enseigne l'affirmative, en se basant sur ce principe fondamental de notre ancien Droit Français, que personne ne doit s'enrichir aux dépens d'autrui, *nemo cum alterius damno locupletior fieri debet.*

Mais assurément cette opinion est erronée. Celui qui a volé un objet a engagé doublement sa responsabilité au point de vue pénal et au point de vue civil. Il se trouve constitué en demeure par le seul fait de son vol, donc il doit être traité comme un débiteur en demeure. Il faut lui faire la condition la plus dure qu'on puisse appliquer à un débiteur ordinaire. Un débiteur peut se charger des cas fortuits. Admettons que le voleur a entendu assumer sur sa tête les cas fortuits, il sera responsable, c'est une peine que la loi lui inflige. M. Bigot de Préameneu dit à ce sujet dans l'Exposé des motifs: « Si la cause de la dette était un vol, l'ordre public s'opposerait à ce que le débiteur fût admis à proposer contre la demande de restitution aucune exception, pas même celle de la perte de la chose due. »

Ajoutons que la disposition rigoureuse de l'article 1502 ne s'applique qu'au voleur lui-même et non à ses héritiers. En effet, cet article ne parle que *de celui qui l'a soustraite* (la chose.)

§ 2. *Conséquence de la perte de la chose due.*

Lorsque la chose due est périe, mise hors du commerce, ou perdue sans la faute du débiteur, l'obligation dont il était tenu est éteinte ; mais comme ce dernier ne doit rien conserver de la chose qu'il devait livrer, il est tenu de restituer :

1° Les accessoires de la chose périe ou perdue, par exemple : je vous vends tel cheval tout harnaché, la mort du cheval avant la livraison n'empêche pas que je vous doive le harnais et même la peau du cheval, car vous étiez propriétaire du moment de la convention.

2° Ce qui reste de la chose périe. Ainsi : je vends une maison, avant la prise de possession elle est incendiée, il n'en reste plus que le sol et quelques matériaux : je dois les restituer à l'acheteur.

3° L'article 1303 dit que s'il y a quelques droits ou actions en indemnité par rapport à cette chose, le débiteur est tenu de les céder à son créancier.

Cette disposition, conforme à la doctrine de Pothier et au Droit Romain, ne se trouvait pas dans le projet primitif du Code, elle est parfaitement inutile. Autrefois, alors que le débiteur d'un corps certain en demeurait propriétaire jusqu'à la tradition, il est clair que les actions en indemnité ou autres appartenaient à ce débiteur, et que se trouvant dans l'impossibilité de livrer l'objet, il devait au moins céder les actions. Mais aujourd'hui que l'on devient propriétaire par l'effet immédiat des conventions, l'article 1303 n'a plus de raison d'être, car les actions appartiennent au créancier propriétaire et le débiteur n'a pas à les lui céder.

POSITIONS.

I. L'article 1156 s'applique-t-il à l'obligation de transférer la propriété de toute autre chose qu'un corps
certain ? — Non.

II. La seconde partie de l'article 1137 abroge-t-elle la
première ? — Non.

III. La convention de livrer un immeuble transfère-t-elle
la propriété à l'égard des tiers ? — Oui.

IV. Le principe de l'article 1138 a-t-il été abrogé d'une
manière expresse par la loi du 23 mars 1855 ? —
Non ?

V. Si les parties ont, par une clause expresse, renvoyé à
une époque ultérieure la mutation de propriété, la
chose due est-elle dans l'intervalle du contrat à l'é-
chéance du terme aux risques et périls du créancier?
— Non.

VI. Dans le cas de la perte d'une chose volée, celui qui l'a
soustraite est-il admis à prouver que la chose aurait
également péri chez le créancier ou qu'elle a péri
sans sa faute. ? — Non.

PROCÉDURE CIVILE

De l'acquiescement exprès ou tacite.

§ 1. — *Notions générales et historiques.*

Dans un sens général, *acquiescer* c'est consentir à faire une chose à laquelle on n'est pas obligé, ou à exécuter un acte ou un jugement auquel on pourrait s'opposer. Dans un sens restreint, qui est celui sous lequel nous devons l'envisager, on emploie particulièrement le terme acquiescement pour désigner toute adhésion donnée, soit expressément, soit tacitement à un acte judiciaire, à une demande ou à un jugement rendu.

L'acquiescement existait en Droit Romain. Un grand nombre de dispositions insérées au Digeste le constatent. Il existait aussi dans notre ancien Droit Français, et diverses ordonnances, entre autres celles de 1667, réglèrent certains points spéciaux. Le législateur n'a pas réuni en un titre spécial au Code de Procédure les principes les plus importants de cette matière compliquée. Il s'est borné à parler à diverses reprises et incidemment de quelques-uns des caractères de l'acquiescement.

§ 2. — *Nature et caractères de l'acquiescement.*

Le consentement est la base essentielle de l'acquiescement. Cet acte est, en effet, un véritable contrat, ressemblant, sauf quelques différences, à la transaction, à l'expédient, au désistement. Ce contrat est généralement unilatéral ; il ne présente presque jamais des engagements de la part des deux parties.

Qui dit acquiescer, dit renoncer à la libre disposition d'une chose ou à un droit acquis, celui d'exercer une voie de recours contre un jugement. L'acquiescement ne peut donc être valablement donné que par ceux qui sont capables d'aliéner ou qui représentent la partie pouvant disposer du droit en litige. Ainsi, ne peuvent acquiescer les mineurs, les interdits, les prodigues, les femmes mariées, les faillis. L'acquiescement peut être fait par toute espèce de mandataires conventionnels ou légaux.

L'acquiescement n'est point admis en toutes sortes de matières. Par application d'une règle qu'on trouve dans presque toutes les branches de notre législation, et qui est contenue dans les articles 6 et 1131 du Code Napoléon, il est interdit en toutes matières intéressant l'ordre public et les bonnes mœurs. Ainsi, serait nul tout acquiescement à un jugement prononçant une interdiction ou nommant un conseil judiciaire, à un jugement prononçant la séparation de corps ou concernant la paternité et la filiation. En un mot, l'acquiescement n'est permis que lorsqu'il s'agit de matières touchant à des intérêts privés. Telle est la règle générale.

L'acquiescement ne saurait s'induire de simples présomptions. Il doit être certain et exempt de toute équivoque sur l'intention de celui qui l'a donné. Dans toute interprétation d'un acquiescement, l'on ne doit jamais oublier ce principe énoncé dans un arrêt de la Cour de Cassation, en date du 29 mai 1843 : « Nul n'est présumé avoir renoncé à son droit ou acquiescé à un acte ou une décision qui anéantirait ce droit. »

Il n'existe dans nos lois aucune disposition qui soit consacrée à réglementer les formes à suivre pour régulariser le contrat d'acquiescement. Il peut revêtir toutes les formes par lesquelles les parties manifestent leur intention d'accepter une décision intervenue.

La jurisprudence n'admet pas les acquiescements anticipés, et la circonstance qu'on s'en est remis à la sagesse du tribunal, n'empêche pas les parties d'exercer les voies de recours.

§ 3. — *Formes de l'acquiescement.*

Il faut distinguer deux sortes d'acquiescement : l'acquiescement *exprès* et l'acquiescement *tacite.*

1° *Acquiescement exprès.* — L'acquiescement exprès est celui qui s'induit d'écrits ou de déclarations dont il est dressé acte. Il peut être contenu soit dans un acte authentique, soit dans un acte sous signature privée, soit dans une déclaration insérée à la suite du jugement. Il doit toujours être donné par une personne capable ou par un fondé de pouvoirs.

On s'est demandé si l'article 1110 du Code Napoléon était applicable à l'acquiescement. « L'erreur n'est une cause de nullité.... » Cet article ne distingue pas entre l'erreur de droit et l'erreur de fait. Nous pensons que l'acquiescement doit être assimilé aux transactions en ce qui concerne la validité du consentement et qu'il faudra suivre la règle de l'article 2052 du Code Napoléon : « Les transactions ont, entre les parties, l'autorité de la chose jugée en dernier ressort, *elles ne peuvent être attaquées pour cause d'erreur de droit*, ni pour cause de lésion. »

2° *Acquiescement tacite.* — L'acquiescement tacite peut résulter d'un nombre infini de circonstances. Nous nous bornerons à signaler les principales Il résulte du silence de la partie, ou d'actes émanés d'elle et renfermant un consentement implicite.

Le silence de la partie continué jusqu'à l'expiration des délais accordés pour attaquer les actes de procédure ou les jugements emporte acquiescement. Tel est le délai de deux mois pour interjeter appel des jugements rendus en premier ressort contradictoirement ou par défaut (article 443, C. Pr. civ.) L'expiration des délais a en quelque sorte plus de vertu qu'un acquiescement formulé en termes exprès, puisqu'on peut l'opposer aux incapables.

Toute signification de jugement faite sans réserve ni protestation par la partie qui l'a obtenu doit nécessairement emporter acquiescement ; car celui qui ne fait point de réserves déclare implicitement que son intention est d'exécuter le jugement. Mais dans tous les cas, cet acquiescement tacite est subordonné à la condition que la partie adverse n'interjettera pas appel ; car, aux termes de l'article 443, l'intimé peut faire appel incident en tout état de cause.

Toute signification n'emporte pas nécessairement acquiescement, mais seulement celle qui peut être considérée comme une exécution du jugement. Telle est toujours la signification à partie, et quelquefois la signification à avoué, lorsqu'elle a pour effet de faire courir les délais vis-à-vis de l'autre partie, comme en matière d'ordre ou de distribution par contribution. La signification dés qualités d'un jugement ne saurait indiquer acquiescement de la part de celui qui l'a faite.

La réception du montant de la condamnation, comme tout acte d'exécution, tel que sommation, commandement, emporte également acquiescement de la part de la partie qui a obtenu la décision.

A l'égard de la partie qui a succombé, l'acquiescement résulte de toute exécution volontaire et spontanée de la sentence, par exemple, le paiement des frais, la demande d'un délai pour payer le montant de la condamnation, etc.; mais les actes que cette partie ferait pour éviter une saisie de ses meubles ou immeubles, ou tout autre contrainte, ne peuvent être considérés comme volontaires et par conséquent ne sont pas des indices suffisants de l'intention d'acquiescer. Il en serait de même si cette partie payait, après commandement, les condamnations prononcées contre elle par un jugement déclaré exécutoire nonobstant appel.

Comme les jugements préparatoires ne peuvent être valablement attaqués qu'après que le jugement définitif a été rendu, il suit que l'exécution volontaire et sans réserves de ces jugements ne saurait enlever des droits de secours à la partie auteur de cet acte. La même règle n'est applicable qu'aux jugements interlocutoires qui lient le juge. Leur exécution volontaire emporté acquiescement.

Quand il s'agit de jugements rendus en dernier ressort, l'exécution doit être plus facilement regardée comme emportant la volonté d'acquiescer. Car ces jugements qui ne peuvent être attaqués que par des voies extraordinaires, comme celles de la requête civile et de la cassation, n'ont pas d'effet suspensif. Aussi faut-il très souvent présumer que l'exécution même volontaire et spontanée a eu seulement pour objet d'éviter des frais et non d'acquiescer tacitement à la décision rendue. Dans tous ces cas, il faut agir avec beaucoup de prudence et avant tout rechercher d'une manière particulière quelle a été l'intention des parties.

Dans tous les cas, les réserves et protestations ont pour effet de détruire la présomption d'acquiescement, mais il ne faut pas que ces protestations et réserves soient en contradiction avec les actes Loin d'indiquer chez la partie l'intention de conserver ses droits intacts, elles deviendraient vaines et ne sauraient empêcher l'acquiescement de produire des effets valables; au contraire, ces mêmes protestations seraient utiles et réaliseraient le but que les parties s'étaient proposé en les formant, si elles pouvaient se concilier avec les actes.

Il y aurait encore acquiescement tacite, si une partie exécutait spontanément et sans aucune espèce de provocation, avant même toute signification, un jugement ou un arrêt rendu en dernier ressort.

§ 4. *Effets de l'acquiescement.*

Lorsque l'acquiescement a été valablement fait, il emporte aliénation de la chose ou du droit formant l'objet du litige et a pour effet d'interdire toute voie de recours, tant ordinaire qu'extraordinaire. La partie qui a acquiescé doit satisfaire à la condamnation prononcée contre elle. Il existe en faveur de son adversaire une fin de non-recevoir que celui-ci peut lui opposer en tout état de cause.

Il arrive souvent qu'un jugement est rendu entre plus de

deux parties. Il se peut qu'il existe plusieurs demandeurs
ou plusieurs défendeurs. Dans ce cas, l'acquiescement est
divisible, aussi bien à l'égard des personnes qui l'ont donné
qu'à l'égard de celles en faveur desquelles il a été consenti.
Nous avons dit, en effet, que l'acquiescement constituait une
sorte de contrat entre les deux parties qui le reçoivent et le
donnent; or, d'après le Code Napoléon, l'obligation ne saurait
exister qu'entre les parties contractantes ; par suite, si l'ins-
tance comprend plusieurs défendeurs, celui-là seul à qui la
signification du jugement aura été faite, pourra alléguer un
acquiescement tacite de la part du demandeur. Il en serait
de même si plusieurs demandeurs étaient engagés dans l'ins-
tance ; l'acquiescement ne pourrait être opposé qu'à celui
qui aurait exécuté le jugement.

Lorsqu'on acquiesce à une des dispositions d'un jugement,
on acquiesce en même temps à toutes les autres dispositions
indivisibles. Mais s'il existe plusieurs chefs distincts, il est
permis d'adhérer à l'un d'eux et de se réserver son droit
d'appel à l'égard des autres. Les chefs du jugement sur lesquels il a été acquiescé, obtiennent seuls l'autorité de la
chose jugée. Les reserves expresses ne sont même pas toujours utiles pour conserver à la partie qui acquiesce à certaines dispositions d'un jugement, le droit d'appeler des autres. On fait à cet égard une distinction : un acquiescement
formel, même sans réserves, à une des dispositions d'un jugement, n'empêche pas d'attaquer les autres; mais l'exécution volontaire de l'un des chefs constitue un acquiescement
tacite à tous les autres chefs du même jugement.

POSITIONS.

I. La déclaration de s'en référer à la justice peut-elle être considérée comme un acquiescement à la décision à intervenir ? — Non.

II. Peut-on acquiescer à un jugement rendu par des juges incompétents ? — Oui.

III. Peut-on acquiescer au jugement qui prononce la séparation de corps ? — Non.

IV. Le payement à l'avoué adverse des dépens dont la distraction a été ordonnée à son profit, emporte-t-il acquiescement ? — Non.

V. L'acquiescement par l'une des parties condamnées solidairement est-il opposable aux autres parties ? — Non.

DROIT CRIMINEL.

De la contrainte et de la légitime défense.

(C. P., art. 64; art. 328 et 329.)

L'article 64 du Code Pénal pose un double principe :
« Il n'y a ni crime, ni délit lorsque le prévenu était en état
de démence au temps de l'action, ou lorsqu'il a été contraint par une force à laquelle il n'a pu résister. »

De là deux conditions dont le concours est indispensable
pour que l'acte soit imputable à l'agent : l'intelligence et la
liberté. Nous n'avons à insister que sur la dernière de ces
deux conditions.

Nous diviserons notre sujet en deux parties ; dans la première, nous traiterons de la contrainte ; la seconde sera consacrée à la légitime défense.

PREMIÈRE PARTIE.

De la contrainte.

La liberté est la faculté qui appartient à chacun d'exercer sa volonté ; cette liberté peut défaillir sous le coup de la
contrainte.

Il y a contrainte toutes les fois qu'il n'a pas pu dépendre de l'agent que l'acte existât ou n'existât pas.

La contrainte qui exclut l'imputabilité et dont il est ques-dans l'article 64 du Code Pénal, peut consister dans l'action d'une force physique ou dans une cause morale se rattachant à un fait extérieur.

De là deux sortes de contraintes : la contrainte physique et la contraicte morale.

CHAPITRE PREMIER.

De la contrainte physique.

La contrainte physique exclut toute imputabilité lors-qu'elle détruit la liberté extérieure, en ôtant à l'agent le pouvoir d'accomplir ou d'observer les préceptes de la loi. La contraite physique peut résulter des phénomènes de la nature ou des évènements fortuits, et de l'action matérielle de la force humaine. Dans ce dernier cas, celui qui a été violenté est excusable, mais l'agent auquel l'acte est impu-table devra toujours être puni. Il n'est donc pas exact de dire qu'il n'y a dans ce cas ni crime ni délit (C. P., art. 64.)

Trois cas de contrainte physique.

1° *Quelque violence est produite par une force étran-gère à laquelle on ne saurait résister.* Exemples : — Quel-qu'un saisit mon bras pour me faire porter un coup fatal à une autre personne. Dans ce cas, il n'est point vrai de dire qu'il n'y a ni crime ni délit, le fait est toujours imputable à l'auteur de la violence qui sera puni. — Un banni partant pour l'exil est jeté par la tempête sur les côtes de la contrée d'où il a été chassé ; le fait ne lui est point imputable ; aussi n'appliquera-t-on pas l'article 35 du Code Pénal, aux termes duquel « le banni qui, avant l'expiration de sa peine, rentre sur le territoire de l'Empire sera, sur la seule preuve de son identité, condamné à la détention pour un temps au moins égal à celui qui restait à courir jusqu'à l'expiration du bannissement, et qui ne pourra excéder le double de ce temps. »

2° *Une personne, au moyen de manœuvres coupables, est mise dans l'impossibilité d'éviter un acte coupable auquel elle ne donne pas son assentiment.* Exemple : Un homme ou une femme est contraint à l'adultère. Il n'y a aucune imputabilité, par conséquent, il n'y a pas lieu d'appliquer la séparation de corps ni les dispositions pénales qui peuvent s'y rattacher. — Un individu est dépouillé de ses vêtements par des malfaiteurs qui le laissent complètement nu, il ne pourra point être poursuivi pour attentat aux mœurs.

3° *Au moyen de machinations coupables un individu est mis dans l'impossibilité d'exécuter une obligation imposée par la loi.* Par exemple : Un juré, le jour de la séance, est séquestré et mis de force dans l'impossibilité de s'acquitter de ses fonctions. Il n'y a pas de peine à lui appliquer.

Une question très importante en matière de contrainte physique, est celle de savoir si l'excuse justificative est admise même pour les peines de simple police. La Cour de Cassation a décidé l'affirmative dans les deux cas qui suivent.

1° Une cabaretière aurait laissé son cabaret ouvert après l'heure réglementaire, mais il fut démontré que ceux qui se trouvaient dans le cabaret avaient usé de violence pour l'empêcher de fermer.

4

Un voyageur avait fait tout ce qui dépendait de lui pour allumer la lanterne de sa voiture, mais un ouragan éteignit la lanterne et ne permit plus de la rallumer.

CHAPITRE II.

De la contrainte morale.

Elle consiste dans l'absence de volonté morale pour faire ou s'abstenir.

Elle peut résulter :

1° De la nécessité morale d'accomplir un fait ordonné par la loi et commandé par l'autorité légitime.

2° De la crainte d'un mal imminent qu'on ne peut éviter qu'en lésant les droits d'autrui.

3° De la nécessité de se protéger soi-même ou autrui contre une attaque injuste. — Ce dernier cas est celui de légitime défense qui va faire l'objet de la seconde partie.

SECTION PREMIÈRE.

De la nécessité morale d'accomplir un fait ordonné par la loi et commandé par l'autorité légitime.

L'article 327 du Code Pénal est ainsi conçu : « Il n'y a ni crime ni délit lorsque les blessures et les coups étaient ordonnés par la loi et commandés par l'autorité légitime. »

L'acte, dans ce cas, étant juridiquement licite, ne saurait constituer un délit punissable. Mais à quelles conditions la justification de l'agent sera-t-elle soumise ? Pour que cette contrainte exclue la responsabilité, il faut :

1° Que le fait trouve sa cause dans l'ordre qui a été donné, et qu'il soit nécessaire à son exécution.

2° Que l'agent n'aie pas à porter un jugement sur la légitimité de l'ordre qu'il a reçu.

3° Qu'il ait été de bonne foi et qu'il ait pu croire qu'il y avait pour lui obligation d'accomplir l'acte, alors la responsabilité de celui qui a donné l'ordre est seule engagée. Il faut, en outre, que l'ordre émane de l'autorité compétente.

Il est clair que sans le concours de ces conditions, la vie des citoyens serait abandonnée aux violences des agents du pouvoir, sans aucune garantie.

On peut citer comme exemples d'homicide légal, le fait du bourreau qui met à mort le condamné à la peine capitale ; — le fait du soldat qui, sur l'ordre de ses chefs, tire sur les ennemis pendant la guerre ou sur des rebelles pendant les troubles civils.

SECTION II.

Crainte d'un mal imminent qu'on ne peut éviter qu'en lésant les droits d'autrui.

Au point de vue du droit, la responsabilité de l'agent devrait toujours être engagée ; car il n'est pas permis d'attenter aux droits des autres pour se soustraire à un mal dont on est menacée. Cependant, il n'y a pas lieu d'appliquer la loi quand les trois conditions suivantes se trouvent réunies :

1° *Imminence du mal et impossibilité de l'éviter, si ce n'est en exécutant le fait illicite.* En effet, si l'agent pouvait se soustraire au péril dont il était menacé sans commettre l'acte qui lui était imposé, il s'offrait à lui quelque autre recours, la fuite, par exemple ; sa liberté n'étant pas opprimée, il ne serait pas excusable. Il suit de là que le péril imminent doit être actuel ; en effet, si la menace n'était que pour l'avenir, on aurait le temps de trouver d'autres moyens de défense.

2° *Gravité du mal.* — Il faut que le mal qu'on veut éviter soit plus grave que celui qu'on exécute. Il faut qu'il soit de nature à produire une contrainte irrésistible. Cette gravité reste à l'appréciation des juges, qui pour se guider prendront en considération l'âge, le sexe, la profession, l'éducation, etc...

3° Enfin, il faut que le mal qu'il s'agit d'éviter ne résulte pas de l'exercice d'un droit.

Dans ces conditions, l'agent n'est pas puni, en vertu de l'article 64, mais il est tenu de réparer le préjudice causé.

La crainte révérentielle n'est pas une contrainte morale, elle n'exclut pas la responsabilité, sauf au juge à tenir compte, suivant les diverses personnes, des degrés divers de culpabilité.

Il faut assimiler au cas dont nous venons de nous occuper dans cette section, celui où la menace employée contre nous est celle d'un péril suspendu sur une personne qui nous est chère, car bien souvent on aime tellement quelqu'un, qu'on ferait pour lui autant et même plus de sacrifices que pour soi-même. — Dans ce cas, comme dans le précédent, il faudra examiner quelle influence a exercé la menace sur la liberté de l'agent, comparer la gravité du mal avec la gravité du délit, et de plus, calculer les degrés d'affection qui liaient l'auteur du délit à la personne mise en péril imminent.

DEUXIÈME PARTIE.

De la légitime défense.

Dans toutes les législations, le droit de se défendre a été regardé comme un droit naturel que chacun peut exercer lorsque la loi ne le protége pas. Ce droit émane du devoir que nous avons de nous défendre contre toute personne qui nous attaque injustement et même contre celle qui n'a pas conscience de ses actes.

« L'homicide est légitime, dit l'Exposé des motifs, lorsqu'il est commandé par la défense de soi-même, soit qu'on ait été frappé ou qu'on se trouve dans un pressant danger de l'être et que ne pouvant attendre des secours de la loi, entraîné par l'instinct conservateur de son existence, on repousse la force par la force. »

Aux termes de l'article 328, « il n'y a ni crime ni délit, lorsque l'homicide, les blessures et les coups étaient commandés par la nécessité actuelle de la légitime défense de soi-même ou d'autrui. »

Mais quand y a-t-il nécessité de se protéger soi-même ou autrui? C'est ce que nous allons tâcher de démontrer. Certaines conditions sont nécessaires pour que le fait de se protéger ou de protéger autrui contre une injuste agression ne soit pas poursuivi.

Il faut : 1° que l'attaque soit *injuste*, c'est-à-dire qu'elle ne résulte pas de l'exercice d'un droit ; ainsi une attaque dirigée contre des malfaiteurs, n'est pas injuste, puisqu'elle n'est que la conséquence du droit de punir et ceux-ci invoqueraient en vain le droit de légitime défense.

2° Elle doit être actuelle. Le droit de se défendre n'existe que pendant l'attaque. Dès que l'attaque a cessé, si l'on continue, la loi n'admet qu'une excuse atténuante ; car on peut bien repousser la force par la force, mais on ne peut pas exercer un acte de vengeance. L'article 321 nous dit à cet égard : «Le meurtre, ainsi que les blessures et les coups sont excusables, s'ils ont été provoqués par des coups ou violences graves envers les personnes. »

3° L'attentat doit être dirigé contre *la personne*, qu'il s'agisse de la vie ou de l'honneur. Quand il s'agit de la vie, tout le monde est d'accord pour admettre le droit de légitime défense, mais il n'en est pas de même lorsqu'il s'agit de l'honneur. Par exemple, une femme victime d'un attentat à la pudeur, tue son agresseur; sera-t-elle en état de légitime défense? Nous ne craignons pas d'adopter l'affirmative, car l'outrage à la pudeur est une de ces atteintes qui sont souvent plus redoutées que les atteintes à la vie.

Quid de l'attaque dirigée contre les biens, mais qui peut mettre en péril les personnes?

Il faut répondre par une distinction : L'attaque a-t-elle eu lieu pendant le jour, le § 1er de l'article 322 n'y voit qu'une excuse atténuante; a-t-elle eu lieu de nuit, le Code y voit un cas de légitime défense. C'est ce que nous dit l'article 329 : « Sont compris dans les cas de nécessité actuelle de défense les deux cas suivants : 1° Si l'homicide a été commis, si les blessures ont été faites, ou si les coups ont été portés en repoussant, pendant la nuit, l'escalade ou l'effraction des clôtures, murs ou entrée d'une maison ou d'un appartement habité ou de leurs dépendances ; 2° si le fait a eu lieu en se défendant contre des auteurs de vols ou de pillages exécutés avec violence. »

Telles sont les deux exceptions au principe que l'attaque doit être dirigée contre la personne ; et dans les deux cas de l'article 329, lors même que des violences n'ont pas encore été commises, il y a lieu de craindre que les auteurs de crimes ou délits ne s'y livrent, il y a nécessité actuelle de défense.

Quant à l'attaque dirigée exclusivement contre les biens, certains auteurs prétendent, d'après l'article 329, qu'elle ne donne pas le droit de légitime défense. Cependant, nous pensons que la victime de cette attaque aura le droit de légitime défense ; car, comme nous allons le voir, il suffit que cette nécessité de se défendre existe dans la pensée de l'attaqué pour que l'homicide ne soit pas punissable.

4° Il faut que la défense soit nécessaire, c'est-à-dire qu'il n'y ait pas d'autres moyens de repousser l'attaque. Il suffit pour cela que la nécessité existe dans l'idée de celui qui se défend ; et il faut tenir compte de la perturbation dans laquelle il a dû se trouver. Quant au cas où l'on aurait pu éviter tout danger en prenant la fuite, c'est aux juges qu'il appartient d'apprécier les exigences de chacun. Le Code a dû se taire sur ce dernier point à cause de la difficulté de prendre une détermination exacte.

Il nous reste à étudier deux questions fort importantes, et à examiner si nous devons les faire rentrer dans les cas de légitime défense.

L'article 328 est-il applicable et peut-il profiter au fils qui tue son père ? Cette question se trouve soulevée par l'article 323. « Le parricide n'est jamais excusable... ; » mais cet article se rapporte seulement aux actes de violences dont le fils aurait été victime. Le législateur a considéré, avec raison, que les sentiments inspirés au fils par la nature, ne pourraient pas lui permettre de porter la main sur l'auteur de ses jours ; mais les criminalistes reconnaissent que la question serait différente s'il s'agissait d'un père qui eût voulu attenter à la vie de son fils. Ce dernier, dans un pareil cas, n'a agi que parce qu'il s'est vu dans la nécessité de se défendre.

Quid, dans le cas où un mari surprenant sa femme dans la maison conjugale en flagrant délit d'adultère, cherche à

donner la mort à elle et à son complice. si en se défendant
la femme ou le complice tue le mari ? Pourrait-on invoquer
le droit de légitime défense? Oui, car le mari n'use pas d'un
droit en cherchant à les tuer, et s'il les tue, la loi admet en
sa faveur une excuse, mais ne le déclare pas non coupable.

POSITIONS.

I.   L'excuse justificative est-elle applicable même pour les
     peines de simple police ? — Oui.

II. L'attentat à la pudeur est-il une cause qui puisse faire
     admettre en faveur de la personne contre laquelle
     il est exercé, une excuse justificative lorsqu'elle tue
     son agresseur ? — Oui.

III. Si l'attaqué pouvait éviter le danger en prenant la fuite
     et qu'il se fût défendu, devrait-on admettre en sa
     faveur l'excuse justificative ? — Les juges doivent
     apprécier.

IV. Celui qui repousse une attaque exclusivement dirigée
     contre ses biens, est-il en état de légitime défense ?
     — Oui

Vu par le président de la Thèse,

Gustave HUMBERT.

Vu par le Doyen de la Faculté,

DUFOUR.

Vu et permis d'imprimer :

Le Recteur de l'Académie,

ROUSTAN

Cette thèse sera soutene en séance publique, le 25 Juillet 1870, dans
une des salles de la Faculté